Marianne Fredriksson

Mein Schweden

Marianne Fredriksson

Mein Schweden

Herausgegeben von Silke Reutler und Andrea Diederichs

Krüger Verlag

Inhalt

Marianne Fredriksson: Mein Schweden ...

Marianne Fredriksson:
Eine Fee hat mich mit ihrem Zauberstab berührt ...
An einem Sommertag haben die Journalistin Karin Thunberg und der Fotograf Eric Roxfelt Marianne Fredriksson in ihrem Haus am Meer nördlich von Stockholm besucht. In diesem Gespräch erzählt die Erfolgsautorin, wie sie lebt, denkt und fühlt, von ihrer Kindheit, ihrer Familie und wie sie zum Bücherschreiben kam.

8

... im Frühling
Das Eis beginnt zu schmelzen. Die Sonne steht noch tief, aber ihre ersten wärmenden Strahlen wecken die Menschen und die Natur aus langen nordischen Nächten.

24

... im Sommer
Das ist die Zeit des Lichts. Die Sonne strahlt und das Wasser ist warm. Es blühen die Malven und der Flieder, und an den Hecken hängen die schönsten Beeren. Die Menschen freuen sich auf das Mittsommerfest.

42

... im Herbst
Die Tage werden kürzer, die Abende beginnen schon am frühen Nachmittag. Das Wasser in den Seen kühlt ab und die Wälder erleuchten in den prächtigsten Rot- und Goldtönen. Jetzt genießen die Menschen die letzten Sonnenstrahlen.

64

... im Winter
Der erste Schnee fällt und verwandelt die Welt in ein weißes, klirrend kaltes Wintermärchen.
Die Tage sind kurz und oft von strahlend heller Schönheit. Doch auch die langen Nächte werden vom Widerschein des Mondes im Schnee erhellt und von den Kerzen, die in den Fenstern der Häuser leuchten.

84

Marianne Fredriksson:
Meine Lieblingsgerichte
Hier findet sich natürlich viel Fisch und typisch Schwedisches, das im Winter von innen wärmt. Und für den Sommer gibt es leichte Spezialitäten – hervorragend geeignet für ein Picknick am Strand.

104

Danksagung	123
Quellenverzeichnis	124
Impressum	125
Bildnachweis	126

Eine Fee hat mich mit ihrem

Zauberstab berührt ...

»Meine Mutter war ganz anders als mein Vater. Sie war das zärtliche Wesen, das uns Kinder liebte und immer für uns da war, uns immer verzieh und das herrlichste Essen der Welt kochte.«

In Österskär nördlich von Stockholm, direkt am Meer, hat sich Marianne Fredriksson ihre eigene Welt geschaffen. Es ist ein Ort für Stille und Einsamkeit, umgeben von einem weißrosa Zaun. Ein Ort, an dem die Gedanken ebenso wachsen und blühen können wie die üppige Blumenpracht im Garten.

Am einen Ende des Gartens hat Marianne Fredriksson ihr Wohnhaus, am anderen ein Arbeitshaus mit großem Wintergarten. Ein beheizter Weg über den Rasen erlaubt es ihr, das ganze Jahr barfuß zwischen den Träumen der Nacht und dem Schreiben bei Tag hin und her zu gehen. So könne sie am behutsamsten mit all dem umgehen, was Tag für Tag geboren wird, sagt Marianne Fredriksson. Sie sitzt in ihrem bequemen Stuhl im Arbeitszimmer, mit Aussicht auf die Hopfenhecke im Garten, und erzählt.

Marianne Fredrikssons Vater Hugo

Das Kind unter der Decke

Marianne Fredriksson wurde 1927 geboren und wuchs in einfachen Verhältnissen in Göteborg auf, der kleinen Metropole im Süden Schwedens. Ihr Vater Hugo hatte ein Fuhrunternehmen, und ihre Mutter Hilda kümmerte sich um Haushalt und Familie.

»Meine Kindheit war vor allem vom Zweiten Weltkrieg geprägt. Jeden Abend faltete ich die Hände und dankte dafür, dass wieder ein Tag ohne Angriff vergangen war. Meine Eltern waren politisch stark engagiert, aktive Sozialdemokraten. Sie lasen einander aus der Zeitung vor, und abends versammelten sich Leute in unserer Küche und besprachen die aktuelle Lage. Ich schlief auf der Küchenbank unter einer rotweiß karierten Decke, die meine Mutter wie ein Zelt über mir ausspannte. Die Erwachsenen

Marianne Fredriksson, 2001

dachten, ich schliefe. Aber ich hörte, was gesprochen wurde. Ich hörte die Angst, die Unruhe, den Zorn der Erwachsenen. Und ich hörte Hitler aus dem Radio brüllen, das am Fußende meiner Bank auf dem Hocker stand.«

Das Erlebnis des Krieges hat Marianne Fredriksson ein Leben lang beeinflusst: »Mein Leben wurde früh durch eine tiefe Ernsthaftigkeit geprägt und der Suche nach den Ursachen dafür, wie es hatte so weit kommen können. Darin liegt sicherlich mein politisches Interesse begründet. Um es anders auszudrücken: Der Krieg hat mich gelehrt, dass das Leben ernst zu nehmen ist. Man muss Verantwortung übernehmen. Man muss sich darauf einstellen, dass zu jeder Zeit einfach alles passieren kann. Und man muss sich selbst eine Meinung bilden, sich seine eigene Art des Überlebens schaffen. Als Kind kann man das natürlich nicht so in Worte fassen. Aber als ich es als Erwachsene begriffen hatte, war es ein Wiedererobern von etwas, was ich schon wusste und im Grunde bereits als Wahrheit erkannt hatte.«

Du kannst alles, wenn du nur willst

Marianne Fredriksson lacht gern. Ihr Lachen ist herzlich. Wenn sie von ihrem Vater erzählt, wird es noch herzlicher. Er war derjenige, der ihr das Vertrauen in die eigene Lebenskraft mitgegeben hat.

Als Marianne als junges Mädchen in eine neue Schule in Långedråg kam, fühlte sie sich dort fehl am Platz. In diesem Stadtteil wohnten die Wohlhabenderen, und Marianne kam sich hässlich und plump vor. Zudem war sie auch noch gut in der Schule, was sie bei ihren Mitschülern nicht beliebter machte. Jeden Nachmittag wartete eine Horde Jungen, im Straßengraben versteckt, auf sie, um sie zu verprügeln. Ihre Mutter war verzweifelt und wollte in der Schule vorsprechen. Doch der Vater wusste besseren Rat und ging mit seiner Tochter in den Keller. An zwei Abenden brachte er ihr bei, wie man eine gerade Rechte und einen linken Haken anbringt. Am nächsten Tag tat sie, was der Vater ihr beigebracht hatte. Als sie den Jungen gegenüberstand, legte sie die Schultasche ab – und schlug die ganze Bande nieder. Von da an hatte sie ihre Ruhe. Noch heute kann Marianne Fredriksson die Worte ihres Vaters hören: »Du kannst alles, wenn du nur willst. Gib nie klein bei.«

Ihr Vater war sehr findig, sagt Marianne Fredriksson, ein echter Mann, der das Abenteuer liebte. Er war ein großer

Segler und hatte ein Boot selbst gebaut. Es wurde auf den Namen Norma getauft, hatte einen 17 Meter hohen Mast und war sein ganzer Stolz. Nie habe er es seiner Frau verziehen, erzählt Marianne Fredriksson, dass sie, die älteste Tochter, nicht auch Norma heißen durfte, sondern Marianne genannt wurde.

Nach dem Krieg nahm der Vater mit der Familie an einer Regatta zwischen Oslo und Skågen teil. Der Segelwettbewerb unterlag strengen Regeln – jedes Schiff durfte nur ein Ruder haben, das wurde genau kontrolliert. »Als wir aber auf offener See waren und alles um uns herum dunkel wurde, nahm mein Vater eine Bratpfanne und band sie am Bootshaken fest. Und dann mussten wir rudern, meine Mutter und ich. Wir haben das Wettsegeln gewonnen. Mein Vater musste immer gewinnen, und ich glaube, ich habe sehr viel von ihm gelernt.«

So hat sich Marianne Fredriksson auch von einer Skoliose nicht unterkriegen lassen, ihrer geschädigten Wirbelsäule, die ihr das ganze Leben zu schaffen gemacht hat. Als Elfjährige wurde sie in ein Gipsbett gelegt. Der Oberarzt des Krankenhauses in Göteborg erklärte, sie würde nie einen Beruf ausüben und nie Kinder gebären können. Zehn Tage lag sie dort. Dann hielt ihre Mutter es nicht mehr aus – Marianne durfte mit einem

Marianne Fredriksson auf ihrem Sofa, 2001

Marianne Fredrikssons Mutter Hilda

Das Kind Marianne

Die Schwester

Im Garten, 1989
© Ulla Montan

Portrait mit Stift
© Thomas Wester

Bündel von Lederkorsetts nach Hause gehen. Sie hat sie nie getragen. »Mein Leben lang habe ich darum gekämpft, diesem Doktor zu beweisen, dass er sich geirrt hat. Es ist kaum vorstellbar, welchen Dienst er mir damit erwiesen hat. Ihm verdanke ich meinen verdammten Widerspruchsgeist.«

Ein Märchen aus Liebe

»Meine Mutter war ganz anders als mein Vater. Sie war das zärtliche Wesen, das uns Kinder liebte und immer für uns da war, uns immer verzieh und das herrlichste Essen der Welt kochte. Fast eine Über-Mutter. Aber sie war auch eine Frau, die sich oft selbst Leid tat und dauernd traurig war. Als Kind hatte ich deswegen oft Schuldgefühle.

Später habe ich viel über den Tod meiner Mutter, die an Alzheimer erkrankt war, nachgedacht. Ihr Leiden mitzuerleben, war sehr schlimm. Sie lag sieben Jahre lang im Pflegeheim. Ich wohnte damals in Stockholm und fuhr einmal im Monat zu ihr nach Göteborg in der Hoffnung, dass sie mich erkennen würde. Es geschah nie. Nicht ein einziges Mal. Ich wollte meiner Mutter ein letztes Mal begegnen. Doch ich war gezwungen zu begreifen, dass der Körper meiner Mutter vor mir lag und sie sich selbst anderswo befand. Sie war nicht zu Hause.«

Es war ihre Mutter Hilda, die die Märchen ins Leben ihrer Tochter brachte – die Zauberwelt, die Erfahrung des Magischen. Marianne Fredriksson

konnte schon früh lesen. Mit sechs Jahren hatte sie bereits das gesamte Werk von Selma Lagerlöf verschlungen, der großen Erzählerin, die ihre Themen oft aus den nordischen Sagenwelten schöpfte. Ihr Vater ärgerte sich darüber: »Glaub ja nicht, dass die Welt nur aus värmländischen Pfarrhoffräuleins besteht.« Dann gab er ihr ein Buch von Jack London in die Hand.

Flug in ein neues Leben

Dass Marianne Fredriksson Journalistin geworden ist, war, wie sie sagt, ein großer Zufall. »In der Schule war ich gut in Schwedisch, und meine Lehrerin kannte jemanden, der in Göteborg bei der Zeitung *Ny tid* arbeitete. In den letzten Sommerferien vor dem Abitur bekam ich dort einen Job als Korrektorin. Eines Tages, als kein Reporter zur Verfügung stand, bekam ich den Auftrag, ein Interview mit den Opernsängern Brita Hertzberg und Einar Beyron zu führen, die in Göteborg ein Gastspiel gaben und im Hotel Eggers wohnten. Ich kann mich noch gut erinnern, wie ich auf dem weichen Teppich vor ihrer Tür stand und wie nervös ich war. Und ich erinnere mich, dass ich dachte: ›Marianne, entweder klopfst du an und wirst Journalistin – oder du läufst weg und wirst keine Journalistin.‹ Ich habe angeklopft. Und am nächsten Tag stand mein Artikel in der Zeitung. Ich war Journalistin geworden.«

Ihren Mann Sven lernte sie schon sehr bald kennen. Er sah gut aus, mehr als gut, sagt sie. »Ich war ganz unglaublich geschmeichelt, dass er sich gerade mich ausgesucht hatte.« Dann ging er zur See, arbeitete auf einem großen Schiff. Und eines Tages kam ein Telegramm, dass sie wegen einer Reparatur Genua anlaufen würden. »›Flieg her‹, las ich. Also tat ich es. Es war ein unglaubliches Erlebnis. Ich überflog ein zerbombtes Deutschland, und als ich in Genua ankam, wusste ich nicht, wie ich Sven finden sollte. Der Bahnhof war völlig zerbombt, die Stadt ein Labyrinth aus Ruinen.«

Doch die beiden fanden sich – und

heirateten gleich in Genua. Marianne Fredriksson war zwanzig Jahre alt. Für zwei Kronen fünfzig im Monat wurde sie als Schiffssekretärin angeheuert und konnte so ihren Mann auf See begleiten. Sie kamen herum, bis nach Südamerika, eine abenteuerliche Zeit. Als sie ein Jahr später wieder nach Hause kamen, war Marianne Fredriksson schwanger. »Das veränderte mein Leben«, meint sie. »Ich verlor die Lust auf Abenteuer männlicher Art. Denn Mutter zu sein ist ein lebenslanger Auftrag.«

Ich wollte immer unabhängig sein

1950 wurde die erste Tochter Ann geboren, vier Jahre später kam die zweite Tochter Turid zur Welt. »Als ich zum ersten Mal Mutter wurde, war ich Reporterin bei *Göteborgs Tidningen*. Ich arbeitete von sieben bis dreizehn Uhr, dann hetzte ich durch die ganze Stadt, um zu Ann nach Hause zu kommen. Für den Rest des Tages saß ich auf dem Fußboden und spielte mit meinem Kind. Aber alle, alle waren gegen mich. Meine Mutter, beide Großmütter und meine jüngere Schwester fanden es schrecklich, dass ich meinen Beruf nicht aufgeben wollte. Keine von ihnen hat mich jemals richtig verstanden.«

Marianne Fredriksson hat sich immer geweigert, ihren Beruf aufzugeben. Wie für viele andere Frauen ihrer Generation war es für sie eine klare Entscheidung, dass sie nie so abhängig von einem Mann werden wollte, wie es ihre Mutter gewesen war. »Ich habe deutlich das Bild meiner Mutter vor Augen, die einen Kratzfuß machen musste, um von meinem Vater einen Zehnkronenschein zu bekommen. Ich weiß, dass ich schon sehr frühzeitig beschloss, dass das nie mein Schicksal werden sollte. Ich wollte mich um jeden Preis immer selbst versorgen können – was mir auch gelungen ist. Dass ich nach der Geburt meiner Kinder meinen Beruf nicht aufgab, war für mich ein Symbol der Freiheit, auch

*Blick aus dem Winter-
garten auf das Wohnhaus*

Das Wohnhaus

wenn mein ganzes Gehalt dafür draufging, junge Mädchen für die Betreuung meiner Kinder zu bezahlen.«

Die Welt begreifbar machen

Mit ihrer Karriere als Journalistin ging es steil bergauf. Die Familie zog nach Stockholm, Marianne Fredriksson wurde Chefredakteurin verschiedener Zeitschriften – für Wohnen, für Erziehung, für Kulinarisches. Schließlich kam sie als Chefredakteurin zu der großen schwedischen Tageszeitung *Svenska Dagbladet*, wo sie fünfzehn Jahre lang ein Journalistenteam leitete und verantwortlich für eine Seite war, auf der es vor allem um menschliche Beziehungen, Psychologie und Lebensfragen ging. Dass ihre Arbeit die Welt verändern könnte, hat sie sich nie angemaßt. Doch ein wahrhaftigeres Bild von der Welt zu geben, das war immer ihr Wunsch und Anspruch.

»Dass sich heute meine Bücher so gut verkaufen, hängt meiner Meinung nach mit meinem journalistischen Instinkt zusammen, damit, dass ich ein Finger-

Marianne Fredriksson an der Tür zu ihrem Wintergarten

spitzengefühl für das habe, was die Zeit erfordert. Aus meiner Kindheit ist mir das Verlangen erhalten geblieben, die Welt begreifbar zu machen. Und außerdem will ich so schreiben, dass gewöhnliche Menschen es verstehen. Ich bin keine Akademikerin.«

Viele Jahre hat Marianne Fredriksson als Journalistin und Schriftstellerin gearbeitet. Den Entschluss, nur noch Bücher zu schreiben, habe sie nicht bewusst gefasst, vielmehr habe er sie gefasst, sagt sie. Alles begann mit einer Krise in der Lebensmitte. Ihre Töchter hatten das Elternhaus verlassen, und Marianne Fredriksson hatte das Gefühl, ihrem Leben seien alle Grundlagen entzogen. »Solange man Kinder hat, wird man gebraucht, da ist etwas, wofür man lebt und womit man ständig beschäftigt ist – plötzlich waren sie weg.« Jetzt nahmen die Bücher diesen Raum ein. »Das Schreiben hilft beim Leben – genauso wie die Erinnerungen und die Träume, die ich immer sehr genau ergründe, beim Schreiben helfen.«

Schreiben ist wie Musik

Marianne Fredriksson steht morgens gegen acht Uhr auf, trinkt Kaffee und isst ein Brot. Und manchmal noch einen Apfel. Dann geht sie über den Rasen hinüber zu ihrem Computer. Um neun Uhr sitzt sie an der Arbeit.

»Jeden Morgen komme ich unbelastet herein, verlasse mich auf das, was ich das Fließen nenne. Es ist wie Musik, man muss die Platte nur in Gang setzen. Funktioniert das nicht, kann ich ebenso

gut über den Rasen zurückgehen und eine Waschmaschine anstellen. Aber wenn es klappt, schreibe ich bis etwa dreizehn Uhr, dann esse ich eine Kleinigkeit und gehe danach in den Wald oder am Meer entlang. Meine neu geschriebenen Seiten habe ich in der Tasche, setze mich irgendwo hin, lese alles durch und korrigiere mit dem Stift. Wenn ich zurückkomme, übertrage ich meine Änderungen in den Computer. Danach fange ich an zu kochen. Wenn es hoch kommt, schreibe ich an einem Tag vier Seiten.

An Tagen, an denen nichts fließen will, an denen ich mich leer fühle, widme ich mich meinen Blumen, anstatt mich am Computer zu ärgern. Im Laufe der Jahre habe ich gelernt, dass das so funktioniert. Hört das Fließen auf, heißt es nur warten. Heute erschreckt mich das nicht mehr, ich weiß, es wird irgendwann weitergehen.«

Ihren großen Erfolg hingegen kann Marianne Fredriksson noch immer nicht so recht begreifen. Natürlich freut sie sich darüber, dass ihre Bücher gelesen werden und beliebt sind – aber diese ganzen Millionenauflagen überstiegen ihr Vorstellungsvermögen, sagt sie. »Das Positive an diesem Erfolg ist, dass ich mir Freiheiten und Hilfe erkaufen kann. Es gibt jetzt Menschen, die sich um mein Haus und meinen Garten kümmern, aber ich habe die Möglichkeit verloren, mich überall frei bewegen zu können. Ich bin von Natur aus scheu, und diese Scheu nimmt zu, wenn ich in den Vordergrund gerückt werde.«

Weise wie ein Kind

Dass jemand sich für sie als Person interessieren könnte, kann sie auch nicht wirklich verstehen. »Ich habe, rein privat, kein außergewöhnliches Leben gehabt. Ich war mit einem ganz normalen Mann verheiratet, habe eine ganze Menge Jobs gehabt, die mir Spaß gemacht haben – und dann hat mich eine Fee mit ihrem Zauberstab berührt, was dazu führte, dass ich anfing, Romane zu schreiben.«

Ein ereignisreiches Leben ist es schon, auf das Marianne Fredriksson zurückblickt. Doch von einem ruhigen Lebensabend will sie nichts wissen: Sie ist voller Tatendrang und hat, wie sie sagt, vor dem Älterwerden mittlerweile keine Angst mehr. »Ich begreife diese Sache mit dem Älterwerden nicht. Klar sagt der Spiegel mir jeden Morgen, dass mein Gesicht altert. Aber das ist schon wieder vergessen, wenn ich unter der Dusche stehe. Manchmal betrachte ich auch meine Hände und wundere mich, dass sie so runzlig geworden sind. Aber in meiner Seele bin ich drei Jahre alt. Das klingt vielleicht sehr albern, aber ich habe kein Verhältnis zum Altern – ich bin nämlich immer noch ein sehr kindisches Kind.«

Marianne Fredriksson – ein weises Kind, das noch viel vorhat. Und unbedingt weiter schreiben will. Vielleicht mal etwas ganz anderes, ein Jungenbuch etwa. »Ich habe das Gefühl, das könnte riesigen Spaß machen«, sagt sie und lächelt.

Nie zuvor hatte sie so viele Töne wahrgenommen. Frühmorgens hörte sie, wie die Knospen der Bäume sich aus ihrer Umhüllung entfalteten. Zuweilen wachte sie zu mitternächtlicher Stunde auf und hörte in dem herabströmenden Regen das Herz der Nacht schlagen, dessen Ton den Weltraum erfüllte. Und sie dachte zurück an die tanzenden Sterne in ihrer Kindheit.
Aus: »Eva«

Am Sonntagmorgen war der Frühling dann da. Er kam nicht wie in anderen Jahren zögernd, jeden Schritt überlegend.

Nein, er kam als Unwetter mit Donner und Blitz. Inge wachte auf, als der erste Donner die Schlafzimmerwände erzittern ließ.

Dachte: Das kann nicht wahr sein.

Dann stand sie lange am Fenster und sah dem Platzregen zu, der über die Scheiben strömte. Nein, kein düsteres Aprilnieseln, sondern wolkenbruchartiger wunderbarer Regen, warm.

Er trommelte aufs Dach und dampfte aus der Erde. Und das Beste von allem: der Himmel zeigte kein Erbarmen mit dem Schnee. Die letzten schmutzigen Flecken an den Nordhängen verschwanden, der Fels wurde reingewaschen, der graue Granit erhob sich aus der Erde, und das Wasser strömte durch Rinnen und Gräben.

Das Drama dauerte fast auf die Minute genau eine Stunde. Dann zog das Gewitter zum Meer im Osten, und die Sonne brach über dem Land hervor, trocknete alles, trieb den Dampf zum Himmel empor, wo er sich zu neuem Regen an anderen Orten verdichtete. Einen kurzen Augenblick nur war es still, dann ertönte Vogelgezwitscher.

Zunächst war das Zwitschern der Spatzen und das Zirpen der Meisen zu hören. Doch plötzlich sangen die Amseln, und Inge dachte, dass sie nun endlich belohnt wurde, hatte sie die Vögel doch den ganzen langen Winter hindurch mit Äpfeln versorgt.

Sie zog Gummistiefel an und ging hinaus in den Garten.

Aus: »Inge und Mira«

Wir lernen einander in der Gärtnerei kennen.

Zwischen uns steht ein Tisch auf Rädern, drei Meter breit und sicher acht Meter lang. Er ist bedeckt mit Tausenden Stiefmütterchen, einem wogenden Meer von gelb gestreiftem Blau und Violett, wie Sonnengeglitzer auf Wasser.

Sie steht mir gegenüber. Ihr Gesicht spiegelt meine eigene Freude wider, und ich zeige mit gestrecktem Arm auf die Blumen und sage, das sei unglaublich. Sie antwortet mit einem blendend weißen Lächeln, sagt, dass fast nichts auf der Welt solche Lebensfreude vermittle wie Blumen.

»Höchstens kleine Kinder«, fügt sie hinzu.

Ich kann mir ihre Worte nicht ganz erklären, obwohl sie gut schwedisch spricht. Allerdings mit einem kleinen Akzent, und nun sehe ich, dass sie eine Einwanderin ist, vermutlich Chilenin.

»Der Gedanke ist mir noch nie gekommen«, sage ich. »Aber ich glaube, du hast Recht.«

Aus: »Inge und Mira«

Das ist das Wunderbare an Büchern, dass wir unser eigenes Leben hineinlegen, uns eigene Bilder erschaffen können.

Marianne Fredriksson

*Marianne Fredriksson
inmitten ihrer Blumenpracht*

In meinem Schlafzimmer hängt ein von Inge Schiöler gemaltes Bild. Es stellt ein Haus am Meer dar und als ich es sah, wurde ich sofort wieder drei Jahre alt. Das Faszinierendste ist wohl das Erleben von Zeitlosigkeit, das man hat, bevor man in die Schule kommt, nicht jede Stunde ist gezählt und von Pflichten und Erwartungen bestimmt. Diese Jahre jenseits der Zeit sind das Mysterium der Kindheit – wir sehnen uns immer wieder dorthin zurück.
Marianne Fredriksson

Die Autorin in ihrem Schlafzimmer. Über ihrem Bett hängt ein kleiner Engel und das Bild von Inge Schiöler.

Es gibt einen federnden Schritt, der geboren ist aus der Freude. Wie ein Tanz sieht er aus, als schwebte man über die Erde.

So läuft jemand, der auf dem Weg zu seinem Liebsten ist. Dein Mann, hatte Emer gesagt. Mein Junge, mein Mann, dachte Eva nun, und ihr wurde plötzlich warm ums Herz. Wir beide werden von vorn beginnen, in neuer Liebe, jetzt, wo wir unsere Geschichte kennen.

Aus: »Eva«

So ist es nun einmal mit den Worten, dachte sie, sie bereichern das Leben. Vor den Worten gab es nur Gewächse, nun gibt es Farben, Arten, Unterschiede, Eigenschaften, das Wissen, wie man sie bestimmte, einordnete und anwendete.

Aus: »Eva«

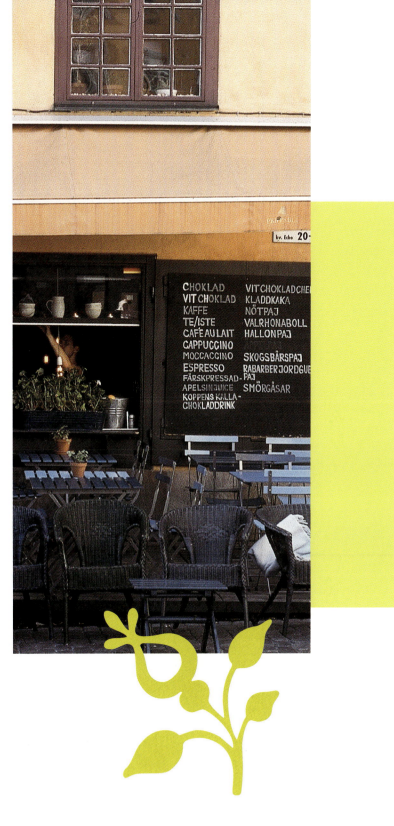

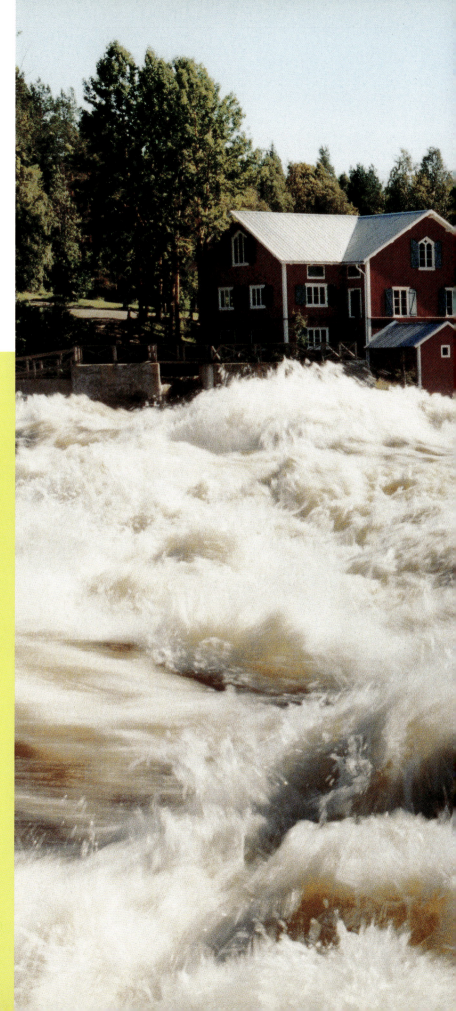

In der Woche danach nahmen sie die Mühle in Betrieb, das Tosen des Wildbachs wurde schwächer, der hölzerne Durchlass hielt das Siel, Broman war zufrieden, froh auch, dass er noch Geld übrig hatte, August und dessen Söhne für die geleistete Arbeit zu bezahlen.

Aber Hanna sagte er es so, wie es war, dass jetzt das letzte Kleingeld aus dem Beutel war. Und sie antwortete, wie er gehofft hatte: »Wir kommen zurecht.«

Sie fühlte sich sicher, sie hielt sich für reich. Sie hatte die Kühe, den Keller voller Kartoffeln und Rüben, Preiselbeerwasser und Multbeerenmus. Die Hühner legten, und ein Schwein hatte sie von einem Vetter bekommen. In der Speisekammer stand das Bier, und auf dem Dachboden gluckste es in Bromans Gärkessel. Mehl würden sie im Überfluss haben, an Brot würde es im Müllerhaus nicht mangeln.

Aus: »Hannas Töchter«

Mein Schweden im Sommer

Als der Sommer rundum am schönsten war, versiegten die Lügen in Simon Larssons Mund. Vielleicht hatte das Schreiben ihm geholfen, obwohl es nicht so viel war, wie er sich vorgestellt hatte. Er hatte bald herausgefunden, dass zu dichten viel schwieriger war als zu lügen. Da geschah mitten in der Wirklichkeit etwas, das so verblüffend war, dass es alle Phantasien Simons bei weitem übertraf.

Aus: »Simon«

Das erste Buch, das ich schrieb, war »Evas Buch«. Nacht für Nacht träumte ich von dieser Frau, die in einer endlosen Reise über die Berge wanderte. Sie trug an einem Schmerz. Ihre Trauer war groß. Und sie war unterwegs in ihre Kindheit. Aber ich wusste nicht, wer sie war, es dauerte lange, bis ich das verstand. Meine Psychoanalytikerin half mir, den Traum zu deuten, zurück in meine eigene Kindheit zu gehen. Danach ging Eva aus eigener Kraft. Ich stand jeden Morgen um vier Uhr auf, schrieb zwei Stunden – und fuhr dann zur Arbeit. Das Buch schrieb sich von allein. Ich erinnere mich nicht, was mein Schreiben betrifft, einen einzigen Entschluss gefasst zu haben. Das Schreiben hat mich erwählt.

Marianne Fredriksson

Sie steht im Fenster eines Hauses, das ihr wohlvertraut ist, in dem sie aber noch nie war. Es ist ein altes Haus, das Fenster hat, kleine, eingefärbte Scheiben, und sie öffnet es, um hinaussehen zu können. Ich habe vergessen, dass der Garten so schön war, denkt sie. Hier gibt es Levkojen und Rosen, Lilien und Rittersporn. Weit hinten liegt der Wald, hohe Laubbäume und weiches Moos, sie kennt auch im Wald jeden Winkel.

Aus: »Sofia und Anders«

Jetzt aber saßen sie auf den Klippen am Vättersee, wo das Feuer flackerte und es würzig nach Miras Eintopf roch. Sie sahen zu, wie die rote Sonnenscheibe hinter den Bergen auf der anderen Seite des Sees untertauchte, dessen Wasser im Dunkeln golden schimmerte.

»Wird es nie Nacht?«, flüsterte Matilde Mira auf Spanisch zu.

»Nein. Es hat irgendwas mit dem Nordpol zu tun, aber das werde ich nie kapieren. Wenn es dann aber endlich doch Nacht wird, dauert sie ein halbes Jahr.«

Aus: »Inge und Mira«

Sie stiegen die Treppe hinauf, schleppten die Tasche hoch. Sofias Zimmer war groß und fast blendend weiß. Die einzige Farbe gab das Meer, goldblau im Sonnenuntergang vor dem Fenster, das vom Boden bis zum Dach reichte.

Aus: »Sofia und Anders«

Das Meer war aus Simons Kindheit nicht wegzudenken. Es würzte die Luft mit seinem Salz und erfüllte den Raum mit einem Lied aus Tiefe und Weite. Und es färbte jegliches Licht zwischen den Häusern und Bergen.

Graue Tage wurden undurchdringlich grau. Blaue Tage wurden blauer als alles andere auf Erden, an Tagen, an denen das Meer zum Spiegel für den großen Himmel wurde, vervielfachte es das Licht und warf es auf das Land zurück.

Dieses schimmernde Licht nahmen die Kinder fürs ganze Leben mit, es drang durch die Haut, durch Mark und Bein und bis hinein in die Seele, wo die Sehnsucht geboren wird.

Eine blaue Sehnsucht nach Freiheit und Grenzenlosigkeit.

Aus: »Simon«

Anna wählte den Umweg am Strand entlang, blieb eine Weile im Wagen sitzen und blickte über die Bucht, in der sie schwimmen gelernt hatte. Wo Moschuskraut und rotes Leimkraut, Storchschnäbel und Hornklee sich zwischen den Felsen unter das harte Seegras gemischt hatten, gab es eine Bootswerft.

Aus: »Hannas Töchter«

Hans Horner wanderte am Strand entlang, das Kattegatt spülte ihm lange Wellen über die Füße. Es war eine warme Nacht.
Aus: »Sofia und Anders«

Aus der Luft sahen sie, wie sich die Konturen der norwegischen Küste im blauen Meer abzeichneten, und Simon sagte: ›Es ist merkwürdig, dass auch im Chaos Kraft liegt.‹
Aus: »Simon«

Der Wind, der sich frei über die Ebene bewegte und alles berührte, bisweilen herausfordernd heftig, sanft und zärtlich im nächsten Moment, hauchte allem Leben ein. Aber es gab da auch einen Schmerz und eine blaue Sehnsucht, eine Ungeduld und einen Traum. Und einen Mann, der all dies in sich trug. Er saß an dem großen Strom und er war zugleich das Wasser des Stroms, immer dasselbe und immer wieder neu. Und er suchte die Ufer auf, als könne er nie genug bekommen von deren Schönheit und den sanften Hängen.
Aus: »Simon«

Um den Sinn des Lebens zu finden, gibt es nur einen Weg, und der führt in unsere eigene Mitte. Wir müssen im Herzen fühlen, dass unser Leben sinnvoll ist. Und dazu müssen wir, jetzt spreche ich wie eine Art Allmutter, unseren Schatten kennen lernen. Dieser Schatten vereint in sich all das, was wir bei uns selbst nicht sehen wollen. Das Schwarze, das Trübe und Schwierige. Wenn wir uns weigern, das im Schatten Vorhandene zu sehen, verbannen wir es in unser Unterbewusstsein. Und dann behauptet es sich in unseren Träumen oder in Gefühlsausbrüchen, die wir selbst weder verstehen noch deuten können. Plötzlich überkommt uns Zorn, Neid – oder geradezu Hass. Solange wir unseren eigenen Schatten nicht sehen, übertragen wir ihn auf andere. Das ist eine Erklärung dafür, dass das Verhältnis Frau – Mann so schwierig sein kann.
Marianne Fredriksson

Dann ging er unter den Laubkronen weiter und fand Ruhe unter den großen Bäumen.
   Sein, nicht tun, dachte er.
   Er sah, dass die Hitze den Bäumen zugesetzt hatte, so manches abgefallene Blatt leuchtete schon golden im Moos. Die lange Vorbereitung auf den Winter hatte begonnen, die Bäume stellten allmählich ihren Säftekreislauf ein, um in Schlaf zu versinken und nur in ihren Träumen zu leben.
   Er kam zu einer Lichtung, einem Kahlschlag im Wald, wo man aus Respekt vor Größe und Alter eine Eiche hatte stehen lassen. Es war warm, Simon zog sich die Uniformjacke aus, rollte sie zu einem Kissen zusammen, legte sich hin und sah in die Krone hinauf, die immer noch dunkelgrün war, fast undurchdringlich.

Aus: »Simon«

Es war schon September, aber er fand Büschel von weißer und rosa Schafgarbe, schnitt neben der Vortreppe einen Birkenzweig ab und ging dann hinauf zu den Norwegerseen, wo er eine Fülle von weißen und blauen Glockenblumen gesehen hatte. Sie waren schon etwas überständig, und so zupfte er die welken Blätter und verblühten Glocken ab.

Zum Schluss war er richtig zufrieden mit seinem Strauß.
Aus: »Hannas Töchter«

Der Nebel war die Trauer des Meeres und ebenso unendlich wie das Meer. Eigentlich unerträglich ...

»Quatsch«, sagte der Junge dann, denn er wusste es ja besser, hatte er doch soeben beschlossen, die Welt so zu sehen, wie andere Leute sie sahen. Der Nebel war die Wärme des Golfstroms, die in den Himmel stieg, wenn die Luft sich abkühlte.

Das war alles.

Aber so ganz konnte er die Traurigkeit, die im lang gezogenen Heulen der Nebelhörner an der Hafeneinfahrt lag, nicht abstreiten, als er Äppelgrens Rasen überquerte und zu Hause in die Küche schlüpfte.
Dort bekam er heiße Schokolade.

Aus: »Simon«

Das Herbstfest oder Rodungsgelage, wie es im Familienjargon hieß, wurde auf beiden Seiten zur Tradition. Jährlich trafen sich alle an einem Oktoberwochenende, stachen die Beete um, rechten Laub, schnitten das Gras und belohnten sich mit einem großartigen Sonntagsessen.
Aus: »Inge und Mira«

Er hatte viele großartige Landschaften in den Wäldern der Finnmarken und an den Ufern des Klarälv gesehen. Aber nie zuvor eine Gegend von solch wilder Schönheit. Er blickte auf die in den Himmel ragenden senkrecht abfallenden Berge, sah die Horste der Wanderfalken in den Felswänden und den Flug der Kaiseradler über den Klüften. Er lauschte dem Donnern des Wildbachs und dem leisen Plätschern der dunklen Norwegerseen, sah auch nachdenklich auf die sanften Hügel, wo die Schafe weideten. Er verschloss die Augen nicht davor, dass die Felder armselig und die Wälder ungepflegt waren, in weiten Teilen undurchdringlich. Als wären sie seit Urzeiten unberührt geblieben, dachte er.

Und doch, es war prachtvoll.

Aus: »Hannas Töchter«

Es war eine hübsche, kleine alte Kirche, von deren Dachgewölbe mehr Schiffe herunterhingen, als es Kruzifixe gab. Auch das Wetter zeigte sich von seiner besten Seite, die Sonne goss Gold durch die alten Kirchenfenster.
Aus: »Sofia und Anders«

Mein Schweden im Winter

Der Wind, der sich frei über die Ebene bewegte und alles berührte, bisweilen herausfordernd heftig, sanft und zärtlich im nächsten Moment, hauchte allem Leben ein. Aber es gab da auch einen Schmerz und eine blaue Sehnsucht, eine Ungeduld und einen Traum.

Aus: »Simon«

Ich glaube, dass wir alle, Frauen wie Männer, von einer Sehnsucht zurück zur ersten Geborgenheit getrieben sind, die uns an unsere Mütter bindet. Aber das Paradies gibt es nicht mehr, der Weg dorthin ist verschlossen. Was in der Verliebtheit geschieht, ist eine Projektion unserer Sehnsucht – unser Verlangen nach einem anderen Menschen. Wir erschaffen uns die Person, die wir brauchen. Und dann wird es schwierig. Das Klügste, was man über die Liebe sagen kann, ist: »Ich bin nicht auf die Welt gekommen, um deine Bedürfnisse zu erfüllen. Du bist nicht auf die Welt gekommen, um meine Bedürfnisse zu erfüllen. Wenn wir trotzdem eine gemeinsame Ebene finden können – wie schön!«

Ich glaube an die Liebe zu unseren Kindern. Ich glaube an die Liebe zu meiner Hopfenhecke – und zu den Seidenschwänzen, die meinen Honigahorn einige Tage bevölkern. Und ich glaube an lang anhaltende Freundschaften – mehr als an die große Liebe zu einem einzigen Mann.
Marianne Fredriksson

Sie hatte geglaubt, Worte seien dazu da, die Welt zu beschreiben. Aber Worte konnte man auch zu etwas anderem gebrauchen, das begriff sie mittlerweile. Worte waren möglicherweise stark genug, sogar die Welt zu erschaffen. Wenn man nur die passenden nahm, sie sorgfältig wählte und alles ein bisschen umformte.

Aus: »Eva«

Die Winterfrau führt ein Tagebuch. Manchmal meint sie, hier Dinge aussprechen zu dürfen, die sie nie zu sagen gewagt hat. Aber das stimmt nicht. Sie hat nie ein Blatt vor den Mund genommen.
Vielleicht ist sie auf der Suche nach einem Lebensmuster.
Auf das Vorsatzblatt hat sie geschrieben: »Woher kommt dieses Verlangen, ein Leben widerzuspiegeln, das auch das Leben so vieler anderer Frauen war? Will ich die Rückseite des Spiegels erkunden?«
Sie findet nur selten Antworten, füllt aber weiterhin Seite um Seite. Mit den kleinen täglichen Ereignissen und den großen Fragen des Daseins.
Am 28. März 1988 schreibt sie: »Heute regnet es, der Schnee weicht Fleck für Fleck. Bilde ich es mir ein, oder steigt wirklich ein Duft von Frühling aus der schwarzen Erde?«

Aus: »Inge und Mira«

97

Es war ein später Frühling, mein letztes Halbjahr in der Oberstufe. Du weißt, wie das sein kann, ein fast unerträgliches Warten, das man mit dem Gras und mit den Bäumen teilt. April, aber neue Kältewellen, Neuschnee, der sich schwer auf die keimenden Leberblümchen legt. Und dann das Licht, das einen nachmittags irreführt, bevor der nächste Schneefall einsetzt.

Am schlimmsten ist die Dämmerung, nicht wahr? Wenn man fühlen kann, wie die Sehnsucht der kahlen Bäume in dieses blaue Licht gesogen wird.

Aus: »Sofia und Anders«

Meine Lieblingsgerichte

Und dann war da noch die Fischerei. John Broman hatte viele Talente, über die die Bauern in Dal staunten. Worüber viel geredet wurde, war seine Fähigkeit, Fische in den Seen zu fangen. Kaum einer im Dorf hatte ein Boot, und nie, nicht einmal während der Notjahre, hatten die Leute an die Möglichkeit gedacht, Fische zu essen. Broman hatte sich einen Kahn angeschafft, sobald er sich für das Norskwasser entschieden hatte, und jeden Abend legte er die Reuse aus. Der einzige Fisch, den Hanna bisher gegessen hatte, war Salzhering gewesen, und so hatte sie am Anfang ihre Schwierigkeiten mit Hecht, Barsch und Felchen. Aber sie glaubte Johns Worten, dass es gesunde Nahrung sei, und lernte es bald, die Fische zuzubereiten und zu essen.
Aus: »Hannas Töchter«

*Ein leichtes Gericht
für warme Sommerabende*

Västkustsallad
Nordsee-Salat

300 g Grönlandkrabben
300 g frisch gekochte Miesmuscheln
100 g frische Champignons
200 g grüne Erbsen
200 g Spargel (frisch oder aus dem Glas)
1 Eisbergsalat oder grüner Salat
3 EL Weinessig
5 EL Sonnenblumenöl
Salz
Zucker
Zitronensaft
feingehackter Dill

Die Champignons putzen und in Scheiben schneiden, dann mit etwas Zitronensaft beträufeln. Den Salat waschen und zerkleinern. Währenddessen die Erbsen in etwas Salzwasser mit einer Prise Zucker gar kochen, dann das Wasser abschütten und die Erbsen abkühlen lassen. Spargel, Muschelfleisch und die geschälten Krabben mit den Pilzen, Erbsen und dem Salat in einer Schüssel mischen.
Essig, Dill und eine Prise Salz (je nach Geschmack) mischen, anschließend das Öl unterrühren. Kurz vor dem Servieren die Vinaigrette über den Salat geben.

Zubereitungszeit: 20 Minuten

Kycklingssallad
Geflügelsalat

1 gekochtes oder gebratenes Huhn
150 g Champignons
1 rote Paprika
2–3 Stangen Sellerie
1 Chicorée
2 EL Essig
1 TL Senf
6 EL Sonnenblumenöl
1 Prise Salz

Das Geflügelfleisch vom Knochen lösen und zerkleinern. Zusammen mit den in Scheiben geschnittenen rohen Champignons und dem kleingeschnittenen Paprika, Sellerie und Chicorée in einer Schale vermischen und mit der Vinaigrette aus Essig, Öl, Senf und Salz übergießen.

Zubereitungszeit: 20 Minuten

*Darf bei einem Picknick am Strand
nicht fehlen*

Nykokt potatis med dill

Neue Kartoffeln mit Dill

1 kg neue Kartoffeln
1 Bund Dill
Salz
Butter

Kartoffeln waschen und gründlich bürsten. In kochendes Salzwasser geben. Einige Dillzweige hinzugeben. Die Kartoffeln mit der Schale 15–20 Minuten kochen. Anschließend die abgetropften Kartoffeln mit feingehacktem Dill und Butterflöckchen überstreuen. Dazu passen Matjesheringe oder eingelegter Hering in allen Variationen.
Zubereitungszeit: 20 Minuten

Mein ganz persönliches Mittsommernacht-Lieblingsessen

Janssons frestelse

Janssons Versuchung

- 8 Kartoffeln
- 16 Anchovisfilets (aus der Dose oder aus dem Glas)
- 1 EL Anchovis-Lake
- 2 Zwiebeln
- 300 ml süße Sahne
- 1 EL Paniermehl
- etwas Butter

Kartoffeln schälen und in Streifen oder Scheiben schneiden. Die Zwiebeln in einer Pfanne mit etwas Butter glasig dünsten und zusammen mit den Kartoffeln und den Anchovis in eine feuerfeste Form schichten. Die Lake und zwei Drittel der Sahne darüber gießen. Mit Paniermehl bestreuen. Die Form in den auf 200 Grad geheizten Ofen schieben und ca. 45 Minuten backen. Etwa 10 Minuten vor Ende der Backzeit die restliche Sahne darüber gießen.

Zubereitungszeit: 1 Stunde
Garzeit: 45 Minuten

Ein Gericht, das ich immer koche, wenn meine Töchter zu Besuch kommen

Först skalar du potatisen och skär den i strimor. Sedan skalar du löken, sär den i bitar och steker den hastigt. Nu kan du smöra en form och varva potatis, ansjovis och lök. Du slutar med potatis. Sedan häller du över hälften av grädden, lägger på några klickar magarin och låter formen stå (mitt i ugen) i 45 minuter.
Till slut häller du över resten av grädden och låter formen stå i ugen av 15 minuter till.
Du kan servera Janssons frestelse med en sallad.

Lycka till och smaklig måltid

Schmeckt nicht nur vorzüglich, sondern sieht auch sehr schön aus

Schwedischer Heringssalat

3 Salzheringe

250 g Pellkartoffeln

2 Äpfel

100 g Gewürzgurken

200 g eingelegte Rote Beete

Für die Salatsauce:

125 ml Fleischbrühe

6 EL Weinessig

3 EL Öl

1 EL Zucker

Salz nach Belieben

Pfeffer, frisch gemahlen

1 TL Ingwerpulver

1 EL scharfer Senf

2 hart gekochte Eier

1 EL gehackter Dill

Die Heringe unter fließendem Wasser säubern, zum Entsalzen vollständig mit Wasser bedecken und über Nacht stehen lassen. Herausnehmen, abtrocknen und die Haut abziehen. Die Gräten entfernen und die Filets würfeln. In eine große Schüssel geben.

Die Kartoffeln pellen und die Äpfel schälen. Ebenso wie die Gewürzgurken und die Rote Beete in Würfel schneiden und zum Hering in die Schüssel geben.

Für die Sauce alle Zutaten mit einem Schneebesen verrühren, über die Zutaten in der Schüssel gießen und mit einem Löffel vorsichtig unterheben. Wenn nötig nachsalzen.

Den Salat mindestens eine Stunde durchziehen lassen. Mit den in Scheiben geschnittenen Eiern und dem Dill garnieren.

Schwedische Gabelbissen

3 Salzheringe

1 Tasse Estragonessig

2 Lorbeerblätter

2–3 Zwiebeln

1 Handvoll Wacholderbeeren

10 Pfefferkörner

10 Pimentkörner

1–2 EL Zucker

Dill

Essiggürkchen

Sauerrahm

Die Salzheringe werden zwei Tage bei mehrmaligem Wasserwechsel gewässert, dann gehäutet, entgrätet, filetiert, in daumenbreite Streifen geschnitten und in eine flache Glasschale geschichtet. Essig mit Zucker, Lorbeerblättern und Zwiebelringen sowie den zerquetschten Wacholderbeeren und den Pfeffer- und Pimentkörnern einmal aufkochen lassen. Wenn dieser Sud abgekühlt ist, über die Fische gießen. Die Gabelbissen müssen damit bedeckt sein und kühl mindestens über Nacht ziehen. Dann werden sie aus der Marinade genommen und mit Sauerrahm übergossen. Feingehackter Dill, Petersilie und Essiggürkchen untermischen.

Hier braucht man Zeit und Geduld, aber es lohnt sich

Hier eine ausgefallene Vorspeise

Krebstorte aus dem Ofen

Für den Teig:
250 g Mehl
2 Eier
25 g Schmalz
2 EL Wasser (evtl. mehr)
Für die Füllung:
3 Eier
50 g geriebener Käse (Parmesan oder Emmentaler)
125 g geriebener Lebkuchen
125 ml Milch (nach Bedarf)
Salz
Safran
Salbei
Petersilie
16 Krebsschwänze (evtl. mehr)
1 Apfel
4 getrocknete Feigen
etwas Schmalz zum Bestreichen

Aus dem Mehl, den Eiern und dem erwärmten Schmalz sowie dem Wasser einen trockenen Teig bereiten, in Frischhaltefolie einschlagen, in den Kühlschrank stellen und einige Stunden ruhen lassen.

Aus den Eiern, dem Käse und dem Lebkuchen und nach Bedarf mit etwas Milch eine nicht zu dünne Füllmasse bereiten. Mit den Gewürzen kräftig abschmecken. Den Teig ausrollen. Mit einem Teil davon eine ofenfeste Auflaufform oder Springform auskleiden. Die Füllmasse hinein geben, gleichmäßig auftragen und die Krebsschwänze sternförmig eindrücken.

Den geschälten, entkernten Apfel und die in Streifen geschnittenen Feigen abwechselnd dazwischen legen. Darauf den Rest des Teigs geben und die Ränder festdrücken.

Mit Schmalz einstreichen und in den vorgeheizten Backofen bei 200 Grad schieben. Ca. 45 Minuten backen, bis die Kruste goldbraun ist. Herausnehmen und die Krebstorte in acht bis zwölf Stücke schneiden.

Krebssuppe nach Großmutter Sofie

15 kleine Flusskrebse
Salz
1 l Fischbrühe
100 g Schmalz
1 Zwiebel
1 EL Mehl
1 Brötchen
Schnittlauch
6 Eigelb
6 EL süße Sahne
Muskat

Die Krebse in Salzwasser drei bis vier Minuten kochen. Schwänze abtrennen und zur Seite legen. Das Weiße neben den Füßen und die Innereien entfernen. Mit dem Mörser die Krebskörper klein stoßen und zusammen mit den gehackten Zwiebeln in Schmalz rösten, Mehl darüber streuen. Kochende Fischbrühe darüber geben. $1/2$ Stunde kochen lassen. Sahne mit Eigelb verrühren, unterheben. Mit Muskat und Salz abschmecken. In Scheiben geschnittene Brötchen rösten, Krebsschwänze darauf legen und zur Suppe servieren.

Etwas ganz Besonderes

Eine schwedische Delikatesse

Gravad lax

Gebeizter Lachs

- 1500 g frischer Lachs, Mittelstück, geschuppt
- 2 Bund Dill, grobgehackt
- 2 EL grobes Salz
- 1 EL Zucker
- 1 EL weißer Pfeffer
- *Für die Senfsauce:*
- 6 Eigelb, leicht geschlagen
- 1 EL Öl
- 1 EL Zucker
- 1/2 EL Essig
- 2 TL weißer Pfeffer
- 2 TL Salz
- 1 EL Senf
- 2 EL Dill, feingehackt

Den küchenfertigen Lachs längs halbieren und die Mittelgräte entfernen. Die Lachshälften kurz abspülen und trocken tupfen. Ein Filet mit der Hautseite nach unten in eine Schüssel legen und mit Dill bestreuen. Salz, Zucker und Pfeffer mischen und darüber streuen. Die andere Lachshälfte mit der Haut nach oben darauf legen. Mit Alufolie bedecken und beschweren. 24 Stunden in den Kühlschrank stellen. Weitere 3–4 Tage im Kühlschrank marinieren, dabei den Fisch täglich mehrmals wenden und mit der entstandenen Flüssigkeit begießen.
Für die Sauce alle Zutaten gut vermischen.
Den Lachs aus der Marinade nehmen, Dill und Gewürze abschaben und den Fisch trocken tupfen. Diagonal in dünne Scheiben schneiden und mit der Sauce servieren.
Dazu Toast und grünen Salat reichen.

Gädda gävle vapen

Gebratener Hecht nach Gävler Art

- 1 kg Hecht
- *Panade:*
- 1 Ei
- Paniermehl
- *Marinade:*
- 100 ml Sonnenblumenöl
- feingehackte Petersilie
- Saft einer Zitrone
- 2 Zwiebeln
- Salz
- weißer Pfeffer
- Butter zum Braten

Für den grossen Hunger

Den Fisch gründlich waschen, ausnehmen und filetieren. Die Filets in kleinere Portionen schneiden, die mit einer Marinade aus Öl, Petersilie, Zitronensaft, Zwiebeln, Salz und Pfeffer übergossen werden. Ungefähr drei Stunden im Kühlschrank durchziehen lassen. Ein Ei aufschlagen und mit dem Paniermehl zu einer Panade verrühren. Die Fischstücke anschließend darin wälzen. In Butter braun braten. Dazu eine Mayonnaise mit Schnittlauch und Salzkartoffeln reichen.

Zubereitungszeit (mit Marinieren): 3 1/2 Stunden
Garzeit: 10 Minuten

Ärtsoppa
Gelbe Erbsensuppe

- 250 g gelbe Erbsen (getrocknet)
- 1–2 Möhren
- 1/2 Sellerieknolle
- 1 Stange Porree
- 1–2 Zwiebeln
- 200–300 g Räucherspeck
- 200–300 g Schweinebauch
- Pfeffer
- Salz
- Kardamon

Die Erbsen über Nacht in 1/2 l Wasser einweichen. Möhren, Sellerie, Porree und Zwiebeln schälen und klein schneiden. Das Gemüse mit den Erbsen, dem gewürfelten Speck, dem Schweinebauch und den Gewürzen zusammen in einen Topf geben, erhitzen und zwei Stunden lang kochen. Das Suppengemüse und die Erbsen pürieren, den Schweinebauch klein schneiden.
Zubereitungszeit: ca. 2 Stunden
Garzeit: 2 Stunden

Mein Lieblingsessen an einem kalten und trüben Tag

Schwedischer Fischauflauf

- 400–500 g Fischfilets
- 300 ml Sahne
- 1 TL süßer Paprika
- Salz
- Safran

Ganz einfach!

Fischfilets waschen und in eine Auflaufform legen. Sahne mit Safran, Paprika und etwas Salz mischen und über den Fisch gießen. Das Ganze bei ca. 200 Grad für 30–40 Minuten im Backofen überbacken.
Dazu passen Kartoffeln oder Reis und grüner Salat mit einer leichten Joghurtsauce.

Fischlabskaus

- 700 g Fischfilets
- 1 kg Kartoffeln
- 100 g Butter
- 2 gehackte Zwiebeln
- Salz
- Pfeffer
- 2 TL Sardellenpaste
- 1 TL mittelscharfer Senf
- Gewürzgurken

Das sollten Sie mal probieren!

Fischfilets säubern und in ein wenig Salzwasser dämpfen. Gekochte Salzkartoffeln stampfen und mit dem zerbröckelten Fisch vermischen. Die Zwiebelwürfel in Butter goldgelb schmoren und mit Salz, Pfeffer, Sardellenpaste und Senf zu den Fisch-Kartoffeln geben. Mit Gewürzgurkenstücken garnieren.
Dazu passen Gurkensalat, Bier und Aquavit.

Das schmeckt immer gut!

Schwedischer Mandelpudding mit Beeren

Für den Pudding:
- 80 g geschälte Mandeln
- 15 g Mehl
- 15 g Butter
- 40 ml Milch
- 15 g Maisstärke
- 2 Eier
- 60 g Zucker
- Bittermandelaroma

Für die Beerengrütze:
- 80 ml Wasser
- 80 g Zucker
- 400 g Beeren (Himbeeren, Brombeeren, Erdbeeren)
- 20 g Maisstärke

Für die Garnitur:
- 20 g ganze Mandeln

Pudding:
Die Mandeln fein reiben oder mahlen. Mehl in Butter kurz dünsten, mit Milch ablöschen und zu einer glatten Sauce verrühren. Mandeln mit Maisstärke, Eiern und Zucker verrühren, zur Milchmasse geben und unter Rühren einmal kurz aufkochen lassen. Mandelaroma beigeben.
Eine Puddingform kalt ausspülen, Masse hineingießen, drei bis vier Stunden kühl stellen und erstarren lassen.

Beerengrütze:
Wasser mit Zucker aufkochen, Beeren zugeben und ein bis zwei Minuten kochen lassen. Maisstärke mit wenig kaltem Wasser anrühren, beigeben und aufkochen lassen, in einer Schüssel anrichten.

Pudding auf eine Platte stürzen, mit den ganzen Mandeln garnieren und die Beerengrütze dazu servieren.

Kaneläppelmos
Zimtapfelmus

- 2 kg Äpfel
- 1 Zitrone
- 30 ml Wasser
- 5 Zimtstangen
- 120 g Zucker

Für kalte Tage

Saft der Zitrone mit dem Wasser mischen. Die Äpfel schälen, entkernen und in kleine Stücke schneiden. Die Apfelstücke zusammen mit dem Wasser und den Zimtstangen in einen Topf geben. So lange kochen, bis die Äpfel weich werden. Von Zeit zu Zeit umrühren. Dann den Zucker dazugeben und unter Rühren nochmal aufkochen. Jetzt bei leichter Hitze ziehen lassen. In eine Schüssel geben und abkühlen lassen.

Brombeer-Holunder-Marmelade

- 700 g Brombeeren
- 200 g Holunderbeeren
- 1 kg Gelierzucker
- 1 Zitrone

Die Brombeeren verlesen, Holunderbeeren waschen, die Beeren von den Dolden streifen. Beeren mit einer Gabel zerdrücken, mit Gelierzucker vermischen, abgedeckt über Nacht ziehen lassen. Die Zitrone auspressen, Saft zu dem Beeren-Zucker-Gemisch geben. Alles zusammen zum Kochen bringen und vier Minuten sprudelnd kochen lassen. Marmelade heiß in Gläser füllen.

Jetzt wird es süss!

Eine Empfehlung meiner Freundin aus Norwegen

Norwegischer Eisberg

1 großes Päckchen Vanilleeis, rechteckig
3 Scheiben Sandkuchen (fertig gekauft)
5 Eiweiß
Zucker
Grand Marnier oder Orangenlikör
200 g Himbeeren

Den Backofen auf volle Hitze vorheizen. Die Eiweiße mit etwas Zucker schlagen, bis sie steif sind.
In eine flache Form (aus Porzellan) den Sandkuchen flach nebeneinander legen, mit etwas Grand Marnier (oder Orangenlikör) übergießen. Den Eisblock auf die Sandkuchenstücke stürzen und mit dem Eiweiß bestreichen, so dass das Eis ganz bedeckt ist.
Den Eisberg ca. drei Minuten in den Backofen geben, bis das Eiweiß leicht angebräunt ist. Herausnehmen und mit Himbeeren garnieren.

Danksagung

Wir danken Marianne Fredriksson sehr, die dieses Buch überhaupt erst möglich gemacht hat. Und wir danken allen, die zum Gelingen beigetragen haben, insbesondere: Bengt Nordin, Eric Roxfelt, Karin Thunberg und Max Galli.

Quellenverzeichnis

Die Zitate stammen aus folgenden Werken von Marianne Fredriksson:

Hannas Töchter
Roman.
Deutsch von Senta Kapoun
© 1994 by Marianne Fredriksson
3-8105-0663-8

Simon
Roman.
Deutsch von Senta Kapoun
© 1985 by Marianne Fredriksson
3-8105-0635-4

Inge und Mira
Roman.
Deutsch von Senta Kapoun
© 1999 by Marianne Fredriksson
3-8105-0637-0

Sofia und Anders
Roman.
Deutsch von Christel Hildebrandt
© 1992 by Marianne Fredriksson
3-8105-0652-4

Noreas Geschichte
Roman.
Deutsch von Walburg Wohlleben
©1983 by Marianne Fredriksson
3-596-14043-9

Impressum

Veröffentlicht im Krüger Verlag GmbH, Frankfurt am Main, März 2002
© 2002 Krüger Verlag GmbH, Frankfurt am Main

Text Copyright: © 1983, 1985, 1992, 1994, 1999 by Marianne Fredriksson. Veröffentlichung erfolgt mit freundlicher Genehmigung der Bengt Nordin Agentur, Schweden

Interview-Text: © 2001 by Krüger Verlag, Frankfurt am Main
Die Übersetzung besorgte Senta Kapoun.
Copyright und Bildnachweis der Fotos: siehe nächste Seite
Alle Rechte vorbehalten.

Umschlaggestaltung: die Basis, Atelier für Gestaltung, Wiesbaden
Umschlagfoto: Max Galli
Umschlagfoto auf der Rückseite: Ewa Rudling/Scanpix

Layout & Gestaltung: die Basis, Atelier für Gestaltung, Wiesbaden
Gesamtherstellung: Clausen & Bosse, Leck
Lithographie: dito.
Printed in Germany
ISBN 3-8105-0662-1

Bildnachweis

Seite 4/5, 26, 28/29, 32/33, 36, 38/39, 45, 46/47, 48/49, 50/51, 52, 54/55, 56/57, 58, 61, 62/63, 64/65, 66/67, 70/71, 72/73, 74/75, 76/77, 78/79, 80/81, 82, 83/84, 89, 90/91, 92/93, 94, 96/97, 98/99, 100/101, 119, 124/125, 126/127:
© by Max Galli

Seite 2, 8/9, 10/11, 14, 16, 18/19, 20/21, 34/35, 44:
© by Eric Roxfelt/Aftonbladet Bild, Stockholm

Seite 12/13, 15, 22/23, 30/31, 69, 87, 121, 122/123:
© by Ewa Rudling/Scanpix

Seite 24/25:
© Torbjörn Skogedal/IMS Bildbyrå

Seite 37:
© Gunnar Larsson/IMS Bildbyrå

Seite 86, 102/103:
© Berndt-Joel Gunnarsson/IMS Bildbyrå

Seite 40/41:
© Gerald Hänel/Merian Schweden

Seite 53:
© Stephan Gabriel

Seite 104/105:
© Inside/I. Snitt

Seite 42/43, 88, 107, 108, 111, 115:
© Johner/Photonica, Hamburg

Seite 112:
© Hesslefors/Imagine Fotoagentur, Hamburg

Seite 116/117:
© Magnus Rietz, Stockholm

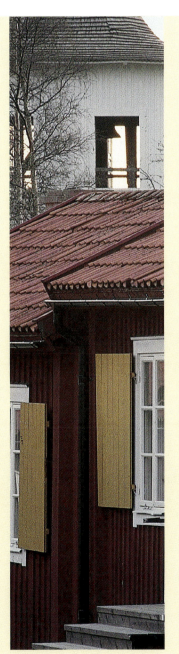